Mi vida más allá del
AUTISMO

Una historia de un paciente de Mayo Clinic
Hey Gee y C. Ano

Traducción de Isabel C. Mendoza

Prólogo

Hola. Me llamo C. Ano y tengo autismo. No me di cuenta de que era autista hasta los diez años de edad, pero siempre sentía como que no encajaba y no podía llevar una vida normal.

Al igual que a Tracy en esta historia, me gusta poner juguetes frente a una pantalla verde de cartón para hacer películas. También me gusta dibujar, ver videos en Youtube y jugar Robot con mi hermano. (Él se inventó el juego, yo solo decidí jugarlo con él). Ya sea que tu maestro te esté leyendo este libro en clase, que sean padres que acaban de enterarse de que un hijo tiene autismo o que seas mi amigo, o cualquier otra persona, deseo que te guste este libro.

C. Ano

"

SOLO QUIERO QUE ME TRATEN COMO A LOS DEMÁS

"

MUCHOS NIÑOS DE TODAS PARTES DEL MUNDO SON DIAGNOSTICADOS CADA AÑO CON TRASTORNO DEL ESPECTRO AUTISTA.

A LOS NIÑOS CON AUTISMO LES PUEDE TOMAR MÁS TIEMPO ENTENDER LA INFORMACIÓN QUE RECIBEN.

A VECES, REPETIMOS UNA Y OTRA VEZ LO QUE HACEMOS, DECIMOS O PENSAMOS.

ES COMPLICADO VIVIR CON AUTISMO. HAY MUCHOS OBSTÁCULOS QUE TENGO QUE SUPERAR A DIARIO.

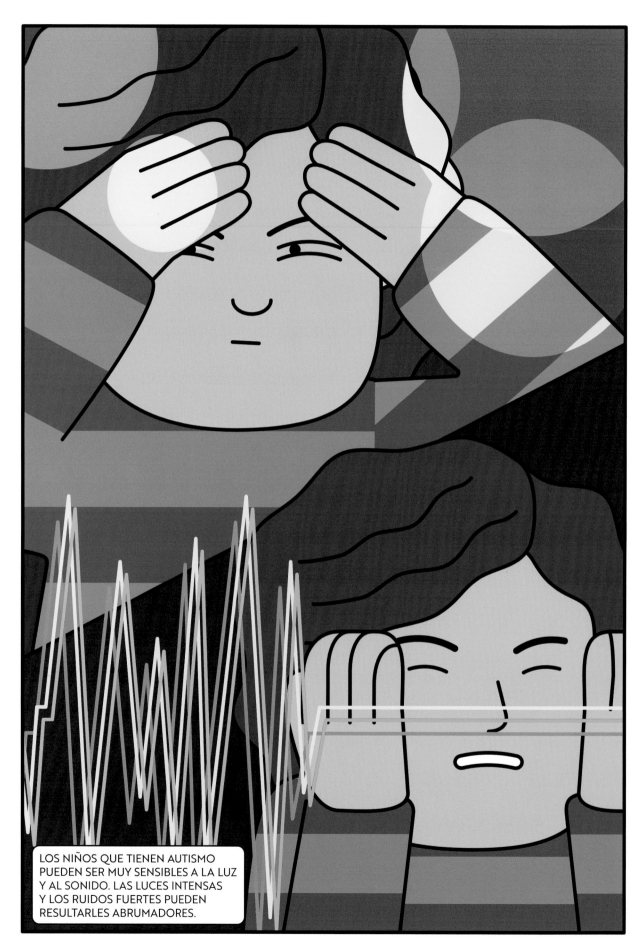

LOS NIÑOS QUE TIENEN AUTISMO PUEDEN SER MUY SENSIBLES A LA LUZ Y AL SONIDO. LAS LUCES INTENSAS Y LOS RUIDOS FUERTES PUEDEN RESULTARLES ABRUMADORES.

ALGUNAS PERSONAS CREEN QUE LOS NIÑOS CON AUTISMO USAN AUDÍFONOS PARA AISLARSE DEL MUNDO, PERO ESO NO SIEMPRE ES ASÍ.

¡VETE!

TAMBIÉN PUEDEN TENER LOS SENTIDOS DEL OLFATO, EL GUSTO Y EL TACTO MUY AGUDIZADOS. CUANDO ERA PEQUEÑA, HASTA EL MÁS LEVE ROCE SOBRE MI MANO SE SENTÍA COMO SI FUERA EL DE UNA GRAN ARAÑA.

Y YO SACUDÍA LA MANO UNA Y OTRA VEZ, COMO QUERIENDO QUITÁRMELA.

A VECES, LA GENTE ME MIRA RARO POR LA MANERA EN QUE ACTÚO.

ES MUY ÚTIL CUANDO ALGUIEN SE TOMA EL TIEMPO PARA EXPLICARME CON CLARIDAD LO QUE DEBO HACER. ME CONFUNDO CUANDO LA GENTE PIERDE LA PACIENCIA Y SE SALE DE SUS CASILLAS.

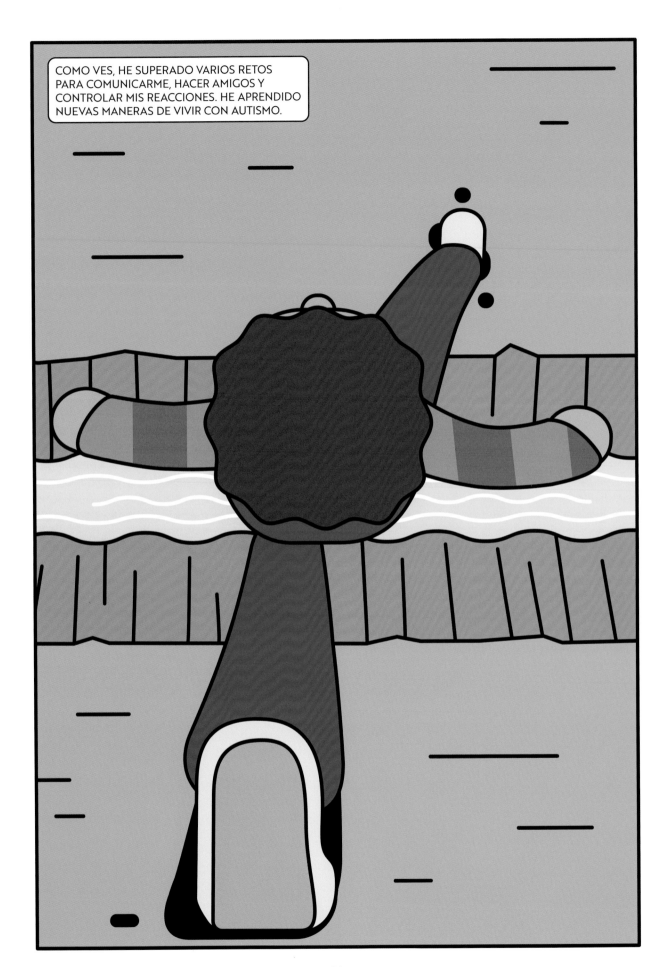

COMO VES, HE SUPERADO VARIOS RETOS PARA COMUNICARME, HACER AMIGOS Y CONTROLAR MIS REACCIONES. HE APRENDIDO NUEVAS MANERAS DE VIVIR CON AUTISMO.

A VECES, CUANDO QUIERO HACER ALGO, MI MENTE ME REGRESA UNA Y OTRA VEZ AL PUNTO DE PARTIDA.

NO ME GUSTA LA OSCURIDAD, Y A VECES TENGO PESADILLAS.

¡ARRE!

ESTOY PRACTICANDO ESTRATEGIAS PARA NO TENER MIEDO.

MI TRAVESÍA CON EL AUTISMO NO SE HA TERMINADO. ESTOY SEGURA DE QUE HABRÁ MÁS RETOS POR SUPERAR.

SEGUIRÉ APRENDIENDO, PERO ME SIENTO ORGULLOSA DE LO MUCHO QUE HE AVANZADO HASTA AHORA.

SOLO QUIERO QUE ME TRATEN COMO A LOS DEMÁS. PUEDE QUE YO SEA UN POCO DIFERENTE. ¡PERO TODOS LO SOMOS!

1 / ESCRIBE
APUNTA TUS IDEAS.
HAZ UN BOSQUEJO
DE LAS ESCENAS.

2 / ENSAYA
PRACTICA CADA
ESCENA CON TUS
JUGUETES.

3 / FILMA

FILMA CADA ESCENA USANDO GUANTES VERDES Y UN FONDO VERDE PARA QUE SEA FÁCIL EDITAR.

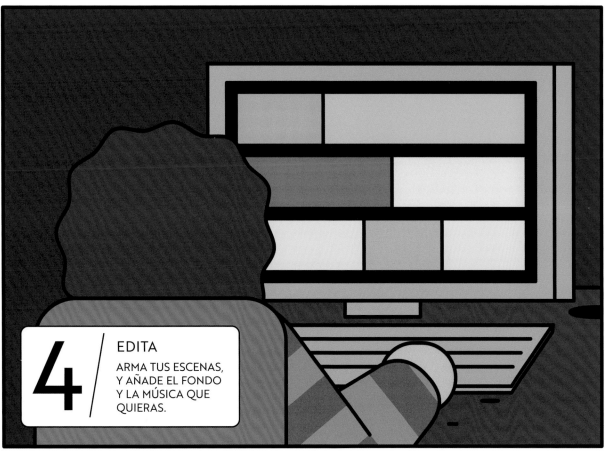

4 / EDITA

ARMA TUS ESCENAS, Y AÑADE EL FONDO Y LA MÚSICA QUE QUIERAS.

TÉRMINOS CLAVES

análisis conductual aplicado (ABA, por sus siglas en inglés): Un tipo de terapia conductual que se considera el mejor tratamiento con respaldo científico que existe para el trastorno del espectro autista.

analista conductual certificado (BCBA, por sus siglas en inglés): Profesional del cuidado de la salud con un título de posgrado entrenado para estudiar la conducta infantil y crear planes para mejorar o cambiar conductas problemáticas. La terapia ABA debe ser supervisada por un BCBA.

Manual Diagnóstico y Estadístico de los Trastornos Mentales, 5ta. Edición (DSM-5, por sus siglas en inglés): Una guía desarrollada por profesionales de los campos de la siquiatría, la sicología y el desarrollo que describe los signos y síntomas (también llamados "criterios") que se requieren para diagnosticar a un individuo con cierto trastorno, incluido el trastorno del espectro autista.

neurosicólogo: Doctor con un Ph.D. o Psy.D. que ha completado un entrenamiento general en sicología y un entrenamiento adicional en el área de la neurosicología (cómo el cerebro procesa la información, incluyendo la atención, el lenguaje y la memoria).

patólogo de conversación: Profesional del cuidado de la salud con una maestría que evalúa las destrezas de habla, lenguaje y comunicación de un niño y su habilidad para comer solo, y puede hacer terapia del lenguaje para ayudarlo a mejorar en esas áreas del desarrollo.

pediatra del desarrollo conductual (DBP, por sus siglas en inglés): Médico que ha completado el programa de la escuela de medicina, un entrenamiento como residente en pediatría general y un entrenamiento como interno en pediatría del desarrollo conductual. Un DBP se especializa en la evaluación y tratamiento de niños con posibles retrasos en el desarrollo y/o comportamientos difíciles o atípicos (como el trastorno del espectro autista).

siquiatra infantil: Médico que ha completado el programa de la escuela de medicina, un entrenamiento como residente en siquiatría y un entrenamiento como interno en siquiatría infantil. Un siquiatra infantil se especializa en la evaluación y tratamiento de niños con posibles trastornos mentales, emocionales y/o conductuales.

terapista ocupacional: Profesional del cuidado de la salud con una maestría que evalúa las destrezas de motricidad fina de un niño (por ejemplo, la fuerza manual), sus destrezas de autoayuda (por ejemplo, la capacidad para comer o vestirse solo) y sus destrezas visuales (por ejemplo, la capacidad para reconocer figuras y números), y puede hacer terapia ocupacional para ayudarlo a mejorar en esas áreas del desarrollo.

INFORMACIÓN ADICIONAL DE PARTE DE LA EDITORA MÉDICA DE ESTE LIBRO

Por Maja Z. Katusic, M.D.
Consultora asociada de rango superior, Departamento de Pediatría del Desarrollo y Conductual, Mayo Clinic, Rochester, MN; Profesora Asistente de Pediatría de la Escuela de Medicina y Ciencias de Mayo Clinic

El trastorno del espectro autista (ASD, por sus siglas en inglés) es un diagnóstico que describe dificultades específicas de comportamiento, especialmente en las áreas de comunicación social y patrones de conducta restringidos y repetitivos. No hay dos niños diagnosticados con autismo que sean exactamente iguales. Sin embargo, hay retos dominantes relacionados con la comunicación social y con patrones de conducta restringidos y repetitivos que se observan en todos los niños diagnosticados con este trastorno. Estos se conocen como "los criterios **DSM-5**" para el autismo, como se describen en el **Manual Diagnóstico y Estadístico de los Trastornos Mentales**. Estas dificultades incluyen deficiencias en la reciprocidad socioemocional. Por ejemplo, pueden tener problemas para iniciar o responder a interacciones sociales de manera apropiada o para compartir sus intereses con otros.

Los niños con ASD también tienen déficits en la comunicación no verbal que se usa en las interacciones sociales, incluyendo problemas para hacer contacto visual o expresiones faciales limitadas. También presentan déficits en el desarrollo y la comprensión de relaciones. Por ejemplo, puede costarles involucrarse en juegos que requieren el uso de la imaginación sin instrucciones o pueden mostrar poco interés en hacer amigos y preferir jugar solos. Algunos ejemplos de patrones de conducta restringidos y repetitivos incluyen poner objetos en fila de forma repetitiva, insistir en una rutina estricta o la fascinación visual por luces o por objetos que giran.

Para ser diagnosticado con trastorno del espectro autista, un niño debe ser evaluado por un profesional entrenado, especializado en la evaluación de niños con problemas de desarrollo. Puede ser un **pediatra del desarrollo conductual**, un **siquiatra infantil**, un **neurosicólogo pediátrico**, un **patólogo de conversación** o un **terapista ocupacional**. El especialista debe obtener del cuidador del niño la historia de su desarrollo y comportamiento y observar al niño, y podría querer hacerle pruebas de desarrollo estructuradas. Los resultados de estas evaluaciones ayudan, en conjunto, a determinar si el niño efectivamente tiene un diagnóstico de trastorno del espectro autista y qué terapias e intervenciones adicionales se recomendarían.

Los niños diagnosticados con trastorno del espectro autista suelen ser remitidos a diferentes tipos de terapias. Una de las mejores intervenciones con respaldo científico es una terapia llamada **análisis conductual aplicado (ABA, por sus siglas en inglés)**. La terapia **ABA** es en esencia un método para enseñar que no solo se utiliza en niños con ASD pero ha demostrado ser un tratamiento efectivo para ASD. Ayuda a mejorar conductas en las que el cuidador quiere involucrar al niño (como el uso de palabras y gestos para pedir algo) y a reducir conductas problemáticas (como la resistencia extrema a las transiciones o cambios pequeños) a través de un sistema basado en recompensas. La terapia **ABA** debe ser supervisada por un **analista conductual certificado (BCBA, por sus siglas en inglés)**. También debe incluir a los cuidadores como miembros integrales del equipo, de manera que puedan ayudar en la definición de metas de la terapia **ABA** para el niño y participar incorporando estas metas al ámbito del hogar. Además de la terapia **ABA**, se podría remitir al niño a terapia del lenguaje o a terapia ocupacional para ayudarlo con los retrasos en las destrezas del habla o del lenguaje, o con retrasos en destrezas de adaptación. El proveedor de servicios de salud también podría recomendar clases de destrezas de interacción social, de entrenamiento para padres o terapia de interacción entre padres e hijos para ayudar a los cuidadores a incorporar herramientas para responder a diferentes comportamientos del niño. Para todos estos tipos de terapias es importante que los cuidadores se involucren en el desarrollo de las metas para el niño y que aprendan a transferir las destrezas aprendidas en las terapias a los ámbitos de la comunidad y el hogar.

REFERENCIAS

Asociación Americana de Siquiatría, *Diagnostic and Statistical Manual of Mental Disorders*. 5th ed. American Psychiatric Association. 2013; doi:10.1176/appi.books.9780890425596.

Hyman SL, Levy SE, Myers SM; COUNCIL ON CHILDREN WITH DISABILITIES, SECTION ON DEVELOPMENTAL AND BEHAVIORAL PEDIATRICS. Identification, Evaluation, and Management of Children with Autism Spectrum Disorder. *Pediatrics*. 2020; doi:10.1542/peds.2019-3447.

RECURSOS EN LÍNEA EN ESPAÑOL

Autism Speaks (El autismo habla) – https://www.autismspeaks.org/que-es-el-autismo-espanol
El sitio web de Autism Speaks incluye un "manual de los 100 días" para diagnósticos recientes. Este manual descargable está diseñado específicamente para ayudar a familias que acaban de recibir un diagnóstico de autismo a hacer el mejor uso posible de los primeros cien días posteriores al diagnóstico del niño.

Child Mind Institute (Instituto de la Mente Infantil) – https://childmind.org/es/guia/guia-para-padres-sobre-el-autismo/
Una guía en línea para padres y cuidadores que ofrece una completa introducción al autismo.

Child Mind Institute (Instituto de la Mente Infantil) – https://childmind.org/es/guia/guia-para-padres-sobre-hitos-del-desarrollo/
El Instituto de la Mente Infantil también ofrece esta guía de los hitos del desarrollo infantil.

Kids Health (Salud Infantil) – https://www.kidshealth.org/es/parents/autism-checklist-preschoolers.html
Una guía de los pasos que hay que seguir en caso de que un niño sea diagnosticado con ASD en las edades comprendidas entre el nacimiento y los cinco años.

Centers for Disease Control and Prevention (Centros para el Control y la Prevención de Enfermedades): Trastorno del espectro autista – https://www.cdc.gov/ncbddd/Spanish/autism/index.html
En esta página del CDC de Estados Unidos se puede encontrar información adicional sobre ASD, incluyendo estadísticas, videos e investigaciones relacionadas.

SOBRE LA EDITORA MÉDICA DE ESTE LIBRO

Maja Z. Katusic, M.D.
Consultora asociada de rango superior, Departamento de Pediatría del Desarrollo y Conductual, Mayo Clinic, Rochester, MN; Profesora Asistente de Pediatría de la Escuela de Medicina y Ciencias de Mayo Clinic

La experiencia clínica de la doctora Katusic incluye evaluación médica y manejo extensos de niños desde el nacimiento hasta los dieciocho años de edad. Sus pacientes presentan un amplio rango de problemas del desarrollo y la conducta. Además, la doctora Katusic tiene un interés especial en el trabajo clínico y la investigación del trastorno del espectro autista. Le encanta utilizar estrategias centradas en el paciente y su familia para diseñar sus planes de tratamiento. Para ella fue un honor trabajar con los autores en este singular proyecto para ayudar a mejorar la comprensión que el público general tiene del trastorno del espectro autista.

SOBRE LOS AUTORES

Guillaume Federighi, alias **Hey Gee**, es un autor e ilustrador francoestadounidense. Comenzó su carrera en 1998 en París, Francia, y dedicó algunas décadas a explorar el mundo del arte callejero y el grafiti en diferentes capitales europeas. Luego de mudarse a Nueva York, en 2008, trabajó con muchas compañías y marcas, y desarrolló una reputación en las áreas del diseño gráfico y la ilustración gracias a su estilo característico de traducir ideas complejas en historias visuales sencillas y atemporales. También es el dueño y director creativo de Hey Gee Studio, una agencia creativa radicada en la ciudad de Nueva York.

C. Ano es autista y fue diagnosticado a los dos años de edad. Después de recibir el diagnóstico, él y su madre dedicaron tiempo a jugar y a participar en sesiones de intervención temprana con diferentes tipos de terapistas, como un terapista ocupacional, un terapista del lenguaje y un terapista de "juego circular" (Floortime™). Para la madre de C. Ano era importante presenciar y participar en las sesiones para asegurarse de que cada miembro del equipo de terapia encajara bien con él y que trabajara para lograr metas que apoyaran su desarrollo en lugar de limitarlo. C. Ano tiene ahora trece años. Le encanta dibujar y ser creativo, y ha iniciado su propia colección de libros de cómics. Sus autores-ilustradores favoritos son Jeff Kinney y Dav Pilkey. También disfruta la producción de originales películas en las que usa sus juguetes y ha creado una obra teatral de un acto. C. Ano es un orador talentoso y aspira a ser director de cine o autor-ilustrador. Vive en Minnesota con sus padres, su hermano menor y dos perros.

SOBRE BOOKLAB DE LA FUNDACIÓN IPSEN

La fundación Ipsen se dedica a repensar la divulgación científica para mejorar la vida de millones de personas en todo el mundo. La transmisión de contenidos científicos al público de manera precisa es un asunto complicado ya que la información científica suele ser técnica y se disemina mucha información errónea. La fundación Ipsen estableció en 2018 BookLab para atender esta necesidad. Los libros de BookLab nacen de la colaboración entre científicos, médicos, artistas, escritores y niños. Los libros de BookLab llegan, tanto en papel como en formato electrónico, y en varios idiomas, a gente de todas las edades y culturas en más de cincuenta países. Las publicaciones de BookLab de la fundación Ipsen son gratis para escuelas, bibliotecas y personas que viven en condiciones precarias. ¡Únete a nosotros! Puedes acceder a nuestro sitio web, www.fondation-ipsen.org, para leer y compartir nuestros libros.

SOBRE MAYO CLINIC PRESS

Mayo Clinic lanzó su propia editorial, Mayo Clinic Press, en 2019, con el objetivo de arrojar luz sobre las historias más fascinantes de la medicina y empoderar a individuos con el conocimiento necesario para forjarse una vida más saludable y feliz. Desde el galardonado boletín mensual Mayo Clinic Health Letter hasta libros y contenido multimedia que cubren todos los ámbitos de la salud y el bienestar humano, las publicaciones de Mayo Clinic Press brindan a los lectores contenido confiable creado por algunos de los profesionales del cuidado de la salud que son líderes mundiales en su campo. Los ingresos sirven para financiar investigaciones médicas importantes y los programas de educación de Mayo Clinic. Para más información, visita https://mcpress.mayoclinic.org.

SOBRE ESTA COLABORACIÓN

La colección *My Life Beyond* (nombre original en inglés) fue desarrollada gracias a la colaboración entre BookLab, de la fundación Ipsen, y Mayo Clinic, que ha impartido educación médica de clase mundial durante más de 150 años. Esta colaboración tiene como objetivo proveer recursos confiables e impactantes para la comprensión de enfermedades infantiles y otros problemas que pueden afectar el bienestar de los niños.

La colección les ofrece a los lectores una perspectiva holística de la vida de niños con (y más allá de) sus retos médicos. Niños y adolescentes que han sido pacientes de Mayo Clinic trabajaron con el autor-ilustrador Hey Gee en la creación de estos libros, compartiendo sus experiencias personales. El resultado ha sido una serie de historias ficticias que reviven de manera auténtica las emociones de los pacientes y sus inspiradoras respuestas a circunstancias desafiantes. Además, médicos de Mayo Clinic aportaron los últimos conocimientos médicos en cada tema con el objetivo de que las historias puedan servir para que otros pacientes, familias y cuidadores entiendan la manera en que los niños perciben y resuelven sus propios retos.

© 2023, Vista Higher Learning, Inc.
500 Boylston Street, Suite 620
Boston, MA 02116-3736
www.vistahigherlearning.com
www.loqueleo.com/us

© Del texto y las ilustraciones: 2022, Mayo Foundation for Medical Education and Research (MFMER)

MAYO, MAYO CLINIC y el logo de Mayo con los tres escudos son marcas de Mayo Foundation for Medical Education and Research. Todos los derechos reservados.

Publicado originalmente en Estados Unidos bajo el título *My Life Beyond Autism* por Mayo Clinic Press. Esta traducción ha sido publicada bajo acuerdo con Mayo Clinic, Mayo Foundation for Medical Education and Research c/o Nordlyset Literary Agency.

Dirección Creativa: José A. Blanco
Vicedirector Ejecutivo y Gerente General, K–12: Vincent Grosso
Desarrollo Editorial: Salwa Lacayo, Lisset López, Isabel C. Mendoza
Diseño: Ilana Aguirre, Radoslav Mateev, Gabriel Noreña, Verónica Suescún, Andrés Vanegas,
 Manuela Zapata
Coordinación del proyecto: Karys Acosta, Tiffany Kayes
Derechos: Jorgensen Fernandez, Annie Pickert Fuller, Kristine Janssens
Producción: Esteban Correa, Oscar Díez, Sebastián Díez, Andrés Escobar, Adriana Jaramillo,
 Daniel Lopera, Juliana Molina, Daniela Peláez, Jimena Pérez
Traducción: Isabel C. Mendoza

Mi vida más allá del autismo
ISBN: 978-1-54338-614-1

Printed in the United States of America

1 2 3 4 5 6 7 8 9 KP 28 27 26 25 24 23